Witchy Lenormand

Création maquette et mise en pages :
Bénédicte Souffrant - PCA-CMB.

ISBN : 978-2-84933-638-0

www.editions-tredaniel.com

info@guytredaniel.fr

www.facebook.com/editions.tredaniel

@editions_contre_dires

Angélique Guehl
Angie Lumière d'Étoile

Witchy Lenormand

Éditions **CONTRE-DIRES**
19, rue Saint-Séverin
75005 Paris

SOMMAIRE

SIGNIFICATION ET MESSAGE DES CARTES

INTRODUCTION

Cet oracle est une nouvelle version du célèbre jeu divinatoire de mademoiselle Lenormand, célèbre cartomancienne parisienne du XIXe siècle.

L'oracle a été créé en 2019, lors d'un rêve durant lequel j'ai canalisé les symboles des cartes. Au réveil, j'ai gribouillé sur un cahier toutes ces images visualisées pour ne rien oublier. Tout est resté caché au fond d'un tiroir jusqu'au printemps 2020. La période du confinement m'a offert du temps pour reprendre mes ébauches et donner naissance à l'oracle que vous tenez entre vos mains.

Cet oracle s'appelle *Witchy Lenormand*, car j'ai, depuis toujours, été très inspirée par la nuit et les astres. Depuis l'enfance, j'aime observer le ciel. Les étoiles représentent pour moi l'espoir, la magie, les mystères, la guidance et la protection. Elles symbolisent aussi notre connexion à l'Univers et la multidimensionnalité de notre âme. D'ailleurs, la science l'a démontré, nous sommes tous faits de poussières d'étoiles.

Au travers des illustrations, vous découvrirez l'univers magique et poétique de la jeune sorcière Willow et de son chat noir Raven.

Cet oracle est conçu pour vous aider à vous reconnecter à votre intuition et éclairer votre chemin dans chaque domaine de votre vie.

L'oracle contient 38 cartes : les 36 symboles du Petit Lenormand selon la création originale de mademoiselle Lenormand ainsi que 2 cartes supplémentaires : une carte yin et une carte yang.

Chaque carte vous transmet sa signification pour une lecture traditionnelle. Elle vous dévoile également un message magique de reconnexion à votre pouvoir personnel.

L'oracle vous invite à partir en voyage à travers l'espace et le temps dans une ambiance magique et *witchy*.

Que la lumière des étoiles guide votre chemin !

Angie

MÉTHODES DE TIRAGE

Le Petit Lenormand est un oracle divinatoire crée par mademoiselle Lenormand au XIXe siècle. Il a la particularité d'être très précis dans ses prédictions. Personnellement, je l'utilise aussi pour la guidance et le développement personnel, c'est pour cela que j'ai ajouté un message de guidance aux 38 cartes. Chacune des illustrations possède une vibration particulière à laquelle vous pouvez vous connecter avec votre intuition. Deux cartes bonus, les polarités yin et yang, sont ajoutées aux 36 cartes traditionnelles. Elles permettent de faire des tirages pour un couple de personnes du même genre. Vous pouvez les utiliser également pour varier les cartes 28 et 29, comme carte message ou bien les retirer.

LES TIRAGES TRADITIONNELS DU PETIT LENORMAND

Vous pouvez utiliser le *Witchy Lenormand* en effectuant les tirages traditionnels du Petit Lenormand, comme le tirage en trois, en cinq ou en neuf cartes ou construire un grand tableau avec l'ensemble des cartes. Les cartes du Petit Lenormand se lisent traditionnellement en association. Chacune possède un symbole et des mots-clés : en s'associant les unes aux autres, elles racontent une histoire.

Le duo énergétique du jour

Mélangez les cartes, coupez. Vous pouvez lire ces deux cartes pour recevoir les énergies de votre journée ou étaler les cartes, la face cachée, et en tirer deux (celles qui vous appellent le plus). Associez les mots-clés de chacune. Cette coupe vous donne les énergies dominantes qui vous entourent.

Le tirage à trois cartes pour éclaircir une situation

Mélangez les cartes, étalez-les, la face cachée, et tirez-en trois.

MÉTHODE 1

La carte centrale, la carte 2, est celle qui donne l'énergie dominante. Les deux autres cartes apportent un complément d'informations. Vous pouvez les associer entre elles : la 1 avec la 3, la 1 et la 2, la 2 et la 3.

MÉTHODE 2

Lisez les cartes comme une phrase à l'aide des mot
clés de gauche à droite : 1 + 2 + 3.

Le tirage à neuf cartes pour comprendre une situation et son évolution

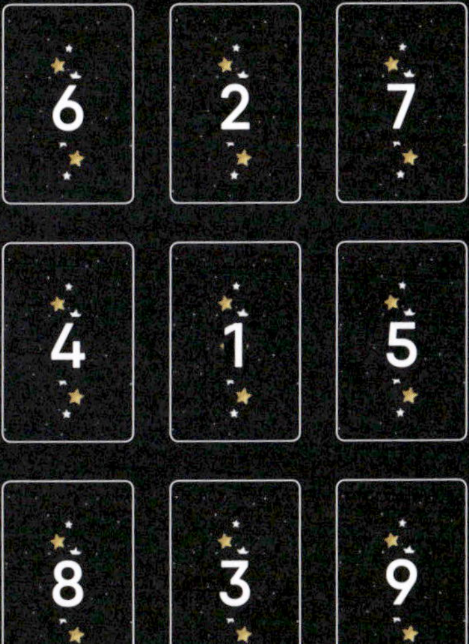

Mélangez les cartes, coupez. Ces deux cartes vous donnent l'ambiance du tirage. Étalez les cartes et tirez-en neuf comme indiqué sur le schéma ou en les alignant à la suite : 1, 2, 3, etc. Peu importe la méthode, le message sera toujours juste.

La carte 1 est la carte centrale. Elle donne le thème, l'énergie qui domine la situation.

Les cartes 2, 1 et 3 indiquent le présent ; 6, 4 et 8, le passé ; 7, 5 et 9, le futur potentiel, l'évolution.

Les cartes 6, 2 et 7 donnent des informations sur les préoccupations du consultant, ce qui occupe ses pensées, ses envies, ses projets. Les cartes 4, 1, et 5 indiquent la situation actuelle. Les cartes 8, 3 et 9 montrent ce qui a déjà été expérimenté, conscientisé, appris.

Les cartes 2, 5, 3 et 4 forment le « cœur » du tirage. Associez-les en miroir. Elles apportent des éléments supplémentaires sur la carte centrale. Les cartes 6, 7, 8 et 9 sont les énergies qui entourent la situation et l'impactent.

La carte 9 est la réponse, le bilan.

LE TIRAGE DU PORTRAIT INTUITIF EN NEUF CARTES

Vous pouvez utiliser le *Witchy Lenormand* pour en savoir davantage sur une personne : ses qualités, son parcours de vie, ses intentions... Pour cela, je vous invite à sortir la carte de la sorcière ou de l'enchanteur ou bien celle du yin ou du yang en fonction de la personne concernée par la lecture intuitive. Puis tirez huit cartes et placez-les autour de la personne pour former un tableau de neuf cartes. Chacune d'entre elles décrira les énergies qui entourent et racontent l'histoire du personnage central.

Vous pouvez aussi poser la question « Qui suis-je ? » au *Witchy Lenormand* et vous laisser surprendre par ses réponses...

Exemple : la carte de l'enchanteur, entourée des cartes du chien, de l'ours, de la tour, de la faux, nous parle d'un homme mûr, épicurien, d'un grand soutien pour ses proches, ayant des blessures profondes qu'il garde secrètes. Il peut avoir du mal à exprimer ses sentiments, mais démontre son amour par sa grande générosité. Laissez votre intuition vous inspirer...

LE MESSAGE DE GUIDANCE DU WITCHY

Je vous propose d'utiliser les cartes comme un outil de guidance et de développement personnel. Lorsque vous en ressentez le besoin, vous pouvez tirer une carte du *Witchy Lenormand* et recevoir sa guidance lumineuse. Mélangez les cartes, tirez-en une et recevez le message étoilé qui vous est destiné.

SIGNIFICATION ET MESSAGE DES CARTES

1

L'éclaireuse

MOTS-CLÉS

Nouvelles, messages, mouvement, arrivée d'une personne, visite, progrès, rapidité, dynamisme.

SIGNIFICATION

La carte de l'éclaireuse – traditionnellement celle du cavalier – est représentée par une jeune sorcière moderne, Willow, dont le balai est remplacé par un deux-roues. Elle part à l'aventure, accompagnée de son familier, un petit chat nommé Raven. Elle apporte des nouvelles, des messages, des courriers et annonce une visite. Avec elle, tout se fait rapidement, elle arrive à vive allure et repart aussitôt. Elle annonce que les événements se bousculent, qu'une avancée est prévue. Elle représente les personnes dynamiques, spontanées, enthousiastes et aussi celles qui ne sont que de passage dans nos vies.

SON MESSAGE WITCHY

Rien ne m'arrête, je suis libre comme l'air. Je vous invite à vous mettre en mouvement, à bouger votre corps, à concrétiser vos idées !

2

Le trèfle

MOTS-CLÉS

Chance, hasard, positif, argent, herbes et plantes, bonheur, réussite, espoir.

SIGNIFICATION

La carte du trèfle est représentée par un pissenlit magique dont les aigrettes en forme de trèfles s'envolent au gré du vent. Cette carte annonce une période de chance, des hasards heureux. Le bonheur est proche, il ne reste plus qu'à le cueillir. Elle nous parle aussi de nos espoirs. Le trèfle représente également la nature, les plantes, la médecine douce et les petites sommes d'argent (chance au gain). Il nous décrit une personne optimiste, chanceuse, qui attire à elle la chance en utilisant la loi d'attraction.

SON MESSAGE WITCHY

Ayez foi en l'Univers ! Visualisez votre rêve et gardez des pensées positives !

3

Le navire

MOTS-CLÉS

Mouvement, changement, voyage, départ, étranger, distance, déplacement, bord de l'eau, vacances, échanges, héritage.

SIGNIFICATION

La carte du navire est représentée par un petit vaisseau dans une bouteille dont le pouvoir magique est de voyager partout dans le temps et dans l'espace. Le bateau nous parle de voyages, d'étranger, de départ, de moyens de transport. Il est temps de forcer le bouchon et de voguer librement. Elle annonce un mouvement, un trajet ou une personne lointaine ou d'origine étrangère. Elle évoque le besoin d'évasion, de rêver, d'aventures.

SON MESSAGE WITCHY

Larguez les amarres et laissez-vous porter par les flots, voici venue l'heure d'un nouveau départ.

4

Le manoir

MOTS-CLÉS

Foyer, habitat, famille, proches, confort, sécurité, immobilier, stabilité, pérennité.

SIGNIFICATION

La carte du manoir est représentée par la maison illuminée de Willow la sorcière, qui est protégée par un sort magique de poussières d'étoiles. Raven, son chat, se balade sur le toit. Les familiers sont de puissants boucliers énergétiques. La maison représente le foyer, une maison en tant que bâtiment, mais aussi la famille. Elle nous parle des proches du consultant, de son lieu d'habitation, mais peut aussi représenter la stabilité (d'une relation sentimentale), tout ce qui est durable et stable. Elle parle de sécurité matérielle et affective, de moments de repos, de partage, de convivialité également.

MESSAGE WITCHY

Il est temps de se recentrer sur soi, sur ses projets personnels et familiaux, de prendre du temps pour soi et ses proches, d'entretenir de bonnes relations.

5

Le sakura

MOTS-CLÉS

Équilibre, santé, guérison, génétique, ancêtres, racines, nature, croissance et évolution, stabilité, calme, patience, extérieur, ancrage, méditation, bien-être, passé.

SIGNIFICATION

La carte du sakura est illustrée par un cerisier à fleurs du Japon, un sakura millénaire. La légende raconte que ses fleurs au parfum enivrant guérissent les cœurs blessés. L'arbre représente la famille, les ancêtres, les racines et aussi tout ce qui concerne la santé et le bien-être. Dans certains tirages, l'arbre signifie également la patience et l'aspect sain et pérenne d'une relation ou d'un projet.

MESSAGE WITCHY

La carte de l'arbre vous invite à prendre soin de votre énergie, en guérissant des blocages karmiques et transgénérationnels, en faisant un soin énergétique ou une petite méditation, en vous promenant dans la nature. Faites une activité qui vous régénère.

6

Les nuages

MOTS-CLÉS

Doutes, confusion, problèmes passagers, temps nuageux, incertitudes, perturbations, pessimisme, respiration.

SIGNIFICATION

La carte des nuages est illustrée par des nuages qui dissimulent les étoiles. Chassés par le vent, ils laisseront bientôt place à la lumière de la lune. Les nuages annoncent des soucis passagers, un manque de clarté, une période de doutes, d'indécision, une situation trouble. Ils peuvent nous indiquer un temps pluvieux ou la période de l'automne, ainsi que tout ce qui se rapporte aux poumons (respiration, allergies...).

MESSAGE WITCHY

L'éclaircie revient toujours après la pluie... Les soucis ne font que passer.

7

Le serpent

MOTS-CLÉS

Prudence, ennemis, menaces, manipulation, dangers, méchanceté, tromperies, hypocrisie, digestif, malsain, séduction.

SIGNIFICATION

La carte du serpent est illustrée par un mamba noir menaçant enroulé autour d'une fiole de poison. Son venin est extrêmement mortel. Le serpent annonce une mise en garde. Observez une situation avec précaution. Il annonce de la tromperie et de la médisance. Il peut représenter une personne malhonnête ou jalouse. Il annonce des problèmes digestifs, des addictions ou une maladie sur le plan de la santé. Dans certains tirages, le serpent représente la guérison, la transformation (mue) et l'énergie *kundalini*.

MESSAGE WITCHY

Ouvrez l'œil, certaines informations vous sont cachées, soyez prudent !

8

Le cercueil

MOTS-CLÉS

Fin, maladie, dépression, enfermement, deuil, rupture, échec, situation difficile, pertes.

SIGNIFICATION

La carte du cercueil est illustrée par un cercueil recouvert de fleurs et d'un papillon de nuit, promesse d'une résurrection. Des chauves-souris symbolisant l'immortalité s'en échappent. Il annonce la fin d'une relation ou d'une situation, une période de transition et de deuil, un sentiment d'isolement. Le cercueil représente également une période de grande fatigue, physique et morale, des blocages insurmontables, un burn-out, une dépression, une maladie. Une période de transition inconfortable est à prévoir avant la résurrection.

MESSAGE WITCHY

Il est temps de changer d'air! Sortez, ouvrez vos fenêtres, aérez-vous, vous avez besoin de renouveler les énergies dans votre vie.

9

L'attrape-rêves

MOTS-CLÉS

Bonheur, succès, épanouissement, surprise, cadeau, joie, célébrations, beauté, invitation, décoration, artistique.

SIGNIFICATION

Cette carte est illustrée par un attrape-rêves paré de plumes, de fleurs et de cristaux. Son pouvoir est de chasser toutes les énergies négatives. Il attire la prospérité et l'abondance sous toutes ses formes. Le bouquet annonce de la joie, une surprise, un cadeau, une invitation. Il représente tout ce qui est relatif à la beauté, l'art, l'esthétique, la décoration... Il annonce une période de bonheur et d'épanouissement personnel. Un projet, des sentiments, des dons ne demandent qu'à fleurir au grand jour. La carte représente aussi la saison du printemps.

MESSAGE WITCHY

Offrez-vous un petit cadeau, du temps pour vous, de la bienveillance. Prenez soin de vous, soyez à l'écoute de vos besoins !

10

La faux

MOTS-CLÉS

Fin, imprévu, décision ferme, chirurgie, danger, rupture, rapidité, accident, récolter, brutalité, couper.

SIGNIFICATION

Sur la carte, le blé et les fleurs annoncent la récolte de ce qui a été semé. La lame de la faux est tranchante et peut être blessante. Willow la sorcière l'utilise dans les rituels de bannissement. La faux annonce un événement brutal et rapide, une prise de décision, un verdict, un choix irréversible, un coup du destin. Elle parle de tout ce qui touche à la chirurgie, aux dents, de tout ce qui est tranchant. Parfois, elle annonce un dénouement rapide, une récompense. En fonction des autres cartes, elle peut avoir une connotation positive ou négative.

MESSAGE WITCHY

Il est temps de vous positionner et de vous affirmer. Soyez bienveillant, mais ferme. Restez honnête avec vous-même et les autres. Prenez une décision qui vous libère...

11

Le balai magique

MOTS-CLÉS

Conflit, violence, colère, douleur, sexualité, tensions, activité physique, fatigue, tristesse, répétition.

SIGNIFICATION

Dans le chaudron de la sorcière Willow se trouvent un balai et un fouet magiques utilisés pour des rituels de purification et de libération. La carte du balai (traditionnellement appelée carte du fouet ou de la verge) vous annonce un conflit, une dispute, de la violence physique et verbale. Elle représente toutes les choses qui nous enferment dans un cercle vicieux. Elle peut également représenter ce qui est chronique, les efforts, la sexualité et l'activité physique.

MESSAGE WITCHY

Observez toutes ces habitudes, ces croyances limitantes et ces liens qui ne vous servent plus. Vous avez l'occasion de vous en défaire. Osez rompre les schémas répétitifs. La vie vous donne l'opportunité de chasser d'un coup de balai toutes les poussières énergétiques qui vous encombrent.

12

Les oiseaux

MOTS-CLÉS

Échanges, nervosité, couple, fratrie, anxiété, communication, réseaux sociaux, informations, curiosité, association, bavardages, futilités.

SIGNIFICATION

La carte est illustrée par un chœur d'oiseaux. Le rossignol interprète un solo pour la majestueuse chouette qui semble se délecter de cette musique nocturne. La carte nous parle de communication, d'échanges et d'expression de soi. En négatif, elle représente les commérages, le stress, la dispersion. Elle représente également un couple ou une fratrie.

MESSAGE WITCHY

Exprimez votre vérité ! La parole que vous libérez vous aide à apaiser un trop-plein d'émotions refoulées ! Le chant est une excellente façon d'harmoniser son chakra de la gorge !

13

Le petit magicien

MOTS-CLÉS

Enfant, spontanéité, simplicité, innocence, naïveté, renouveau, immaturité, petit, enfant intérieur.

SIGNIFICATION

La carte du petit magicien est représentée par un enfant qui ne semble pas vouloir dormir. Il aime rire et s'amuser à faire des batailles de polochons. Il est très malicieux et adore répandre de la poudre de sommeil sur la terre. L'enfant annonce une période de renouveau, de joie, un nouveau projet ou une nouvelle relation. Il décrit tout ce qui est petit, immature et tout ce qui a besoin de temps et d'amour pour s'épanouir ! C'est aussi votre enfant si vous êtes parent et votre enfant intérieur, le berceau de votre créativité.

MESSAGE WITCHY

Je vous invite à vivre dans l'instant présent, en vous détachant de vos lourdes responsabilités et préoccupations. Ressentez cet état de bien-être immédiat qui nous envahit lorsque nous vivons dans l'instant présent. Reconnectez-vous à votre joie naturelle !

14

Le renard

MOTS-CLÉS

Ruse, expérimenté, ingénieux, manipulation, mensonge, stratégie, travail, concurrence, piège, charme, intelligence.

SIGNIFICATION

Notre renardeau est tellement adorable, il semble si doux et innocent. Qui se cache réellement sous cette douce fourrure ? La carte du renard représente le travail, un travailleur indépendant (médecin, avocat…). L'animal symbolise aussi le caractère fourbe, une personne qui utilise son charme pour arriver à ses fins, un manipulateur. Il décrit également une personne stratégique, intelligente.

MESSAGE WITCHY

Méfiez-vous de l'aspect attrayant d'une personne ou d'une situation. Voyez au-delà des apparences, elles sont parfois trompeuses. Utilisez votre flair. Soyez plus rusé que le renard lui-même !

15

L'ours

MOTS-CLÉS

Finances, force, protection, autorité, puissance, courage, charisme, aisance, gourmandise.

SIGNIFICATION

L'illustration nous montre un bel ours blanc sur sa banquise. Il contemple la Grande Ourse et fait un vœu. Il a foi en l'Univers. Il est guidé et protégé par sa bonne étoile. La carte de l'ours parle de force physique et morale, d'énergie, d'autorité, de charisme, de pouvoir personnel et de richesses. Elle peut représenter une personne au caractère fort, qui est protectrice et courageuse. Elle représente le domaine matériel (finance, professionnel), l'alimentation, la protection.

MESSAGE WITCHY

Faites-vous confiance, vos ressources intérieures sont inépuisables.

16

L'étoile

MOTS-CLÉS

Espoir, protection, intuition, guérison, spiritualité, souhaits, sérénité, réseaux, guidance, créativité, astrologie, nuit, rêve.

SIGNIFICATION

La carte de l'étoile est illustrée par un tourbillon d'étoiles filantes. Dans ce vortex lumineux, l'abondance est illimitée. L'étoile promet la réalisation de chaque vœu émis avec une foi absolue. Elle représente la réalisation d'un projet, l'espoir, la guérison, la protection divine, les rêves, les réseaux, les liens. Elle peut également représenter tout ce qui est énergétique ou connecté. C'est une carte de réconfort dans un tirage, elle annonce une issue positive, la réalisation d'un projet.

MESSAGE WITCHY

Gardez espoir, vous êtes soutenu et accompagné, votre souhait est sur le point de se réaliser.

17

La cigogne

MOTS-CLÉS

Changement, évolution, grossesse, amélioration, naissance, déménagement, réconciliation.

SIGNIFICATION

Cette carte est illustrée par une cigogne qui s'envole vers de nouveaux horizons. Elle est guidée par son intuition. Chaque étoile suspendue à ses ailes illustre les grandes épreuves de sa vie qu'elle a transmutées en leçons de sagesse. C'est une carte de mouvement, de changement, d'évolution positive. Elle peut annoncer une grossesse, un changement de poste (reconversion, mutation), un déménagement, le développement personnel. Elle apporte une amélioration.

MESSAGE WITCHY

Je vous aide à lâcher prise et à aller de l'avant sans vous retourner.

18

Le chien

MOTS-CLÉS

Loyauté, amitié, fidélité, confiance, partenaire, guide, sincérité, guidance, instinct.

SIGNIFICATION

La carte du chien est illustrée par un chien-loup. Fidèle et patient, il attend le retour de sa maîtresse Willow. Les soirs de pleine lune, il devient loup et part rejoindre sa meute. Le chien représente une personne de confiance, un guide, un ami, un partenaire, un confident sur lequel nous pouvons nous appuyer. Cette carte indique que vous êtes bien entouré et conseillé. Dans le domaine sentimental, c'est un bon présage. Le chien peut également symboliser votre guide spirituel.

MESSAGE WITCHY

Je vous invite à rester intègre et fidèle à vos convictions et à vos valeurs. Suivez votre instinct et votre guidance intérieure.

19

La tour

MOTS-CLÉS

Administration, bâtiment, isolement, repos, longévité, ambition, carrière, détachement, élévation.

SIGNIFICATION

La carte de la tour est illustrée par la tour Eiffel, imposante et mystérieuse, qui s'illumine quand arrive la nuit. Elle projette ses énergies protectrices partout sur la planète Terre. La tour représente un bâtiment (école, palais de justice, building, administration). Elle décrit également une personne réservée, solitaire. Elle nous parle d'isolement, de solitude et de repos. Elle permet de prendre de la hauteur et de se sentir en sécurité.

MESSAGE WITCHY

Permettez-vous un temps de pause et d'introspection. Cette reconnexion intérieure vous ouvrira des portes vers d'autres compréhensions de la situation.

20

Le parc

MOTS-CLÉS

Communauté, rassemblement, événement public, extérieur, vie sociale, amis, collègues, clientèle.

SIGNIFICATION

La carte du parc nous emmène dans un jardin public new-yorkais où il est possible de faire de merveilleuses découvertes. Rencontres d'amis, d'âmes sœurs ou d'êtres de la nature : dans ce lieu magique, tout est possible. Cette carte nous révèle la vie sociale, l'entourage, les réseaux sociaux, la clientèle. Elle parle également d'un lieu extérieur, d'un rendez-vous, un spectacle, des festivités… Elle indique un besoin de respirer le grand air. C'est l'appel de la nature, de l'écologie.

MESSAGE WITCHY

Je vous invite à trouver votre place au sein d'un groupe en allant à la rencontre de votre famille d'âmes pour vous entourer de personnes ayant les mêmes vibrations que vous.

21

Les rochers

MOTS-CLÉS

Obstacles, blocages, retards, défis, difficultés, épreuves, ennemis, contrariétés.

SIGNIFICATION

La carte des rochers est représentée par d'énormes montagnes dans une forêt tropicale. Une magnifique cascade s'en échappe. Rien n'arrête la force de l'eau. Elle trouve toujours son chemin et poursuit son cours. Les montagnes annoncent des retards, des contrariétés, des freins, des étapes à franchir. Elle symbolise également la patience, la persévérance à avoir en période de stagnation et de découragement.

MESSAGE WITCHY

Cette épreuve est là devant vous pour vous apprendre à expérimenter le dépassement de soi. Abordez-la comme un défi ! Faites confiance au timing divin !

22

La rose des vents

MOTS-CLÉS

Décisions, hésitations, orientation, déplacements, routes, voyage, éloignement, liberté, indépendance.

SIGNIFICATION

Cette carte est illustrée par la rose des vents entourée d'avions survolant le globe terrestre. Elle nous rappelle que nous sommes libres, que le monde nous appartient. Cette carte représente le fait de devoir prendre une décision, d'avoir plusieurs options, de douter. Elle annonce un déplacement, un éloignement. C'est aussi la carte du libre arbitre, de l'autonomie.

MESSAGE WITCHY

Perdu dans le labyrinthe de vos doutes, une seule voie possible, celle du cœur. Quand vous vous connectez à sa vibration, tout devient plus fluide et plus clair.

23

Les trois petites souris

MOTS-CLÉS

Perte, vol, stress, quelque chose de petit, fatigue, frustration, déception, gaspillage.

SIGNIFICATION

Sur l'illustration, les petites souris rongent une belle étoile lumineuse. Si nous n'y prenons pas garde, elles pourraient bien tout dévorer. La carte des souris annonce une perte (de vitalité, de temps, d'argent), un vol, une réduction ou une diminution. Les souris grignotent les énergies et causent de la fatigue, du stress, un manque de confiance.

MESSAGE WITCHY

Nous attirons votre attention sur la fuite de vos énergies. Observez de plus près ce qui, dans votre vie, abaisse vos vibrations (perte de temps, d'argent, nervosité).

24

Les bulles d'amour

MOTS-CLÉS

Amour, sentiments, générosité, joie, tendresse, désir, passion, bonheur, complicité, partage.

SIGNIFICATION

La carte du cœur nous montre Willow la sorcière soufflant un sortilège amoureux en direction de son bien-aimé. Elle espère, par cet enchantement, rendre leur relation d'amour infinie. La carte du cœur représente tout ce qui touche aux sentiments, à l'affectif, au relationnel. Elle illustre tout ce qui apporte du bonheur, de l'harmonie dans la vie. Elle annonce un lien d'âme, des sentiments profonds et partagés. Elle prédit un épanouissement personnel, l'alignement à sa mission de vie, la quiétude de se sentir à sa juste place.

MESSAGE WITCHY

Prenez le temps, chaque jour, de faire une activité qui nourrit votre cœur ! Donnez-vous autant de respect et de bienveillance que vous en donnez à autrui.

25

Le talisman

MOTS-CLÉS

Engagement, contrat, relations, accords, liens, union, cycle, officialisation, répétition, routine, karma.

SIGNIFICATION

La carte du talisman est illustrée par un anneau magique. Sa puissance est renforcée par l'énergie des anneaux de Saturne. Elle annonce un engagement relationnel ou matériel, un contrat, une signature, une collaboration, une association. Elle peut aussi définir un cycle répétitif ou un enfermement dans des croyances ou des habitudes.

MESSAGE WITCHY

Je vous invite à prêter attention à vos relations et à vos investissements. Assurez-vous que tout soit en équilibre et harmonieux.

26

Le grimoire

MOTS-CLÉS

Secrets, révélations, savoir, apprentissages, recherches, études, formation, découverte, introspection, mystère.

SIGNIFICATION

La carte du livre est représentée par un grimoire magique qui s'entrouvre pour nous dévoiler ses précieux secrets : sortilèges, rituels et potions magiques. Le livre nous montre que certaines informations sont inconnues, dissimulées. Il représente également les études, les formations, les divers apprentissages. Concernant un projet, il vous conseille d'approfondir les démarches, de peaufiner vos idées. Pour une personne, il décrit un caractère introverti, de la pudeur et de la timidité à exprimer ses sentiments, des difficultés à se révéler tel qu'on est.

MESSAGE WITCHY

Je vous invite à cultiver votre curiosité intellectuelle : une langue étrangère, un cours de chant, de dessin. Ne cessez jamais d'apprendre et d'évoluer !

27

La lettre

MOTS-CLÉS

Message, nouvelles, information, document écrit, courrier, SMS, e-mail, contrat.

SIGNIFICATION

La lettre est représentée par une lettre dactylographiée. Les esprits de l'invisible communiquent à travers l'ancienne machine à écrire comme par magie. Des plumes et des avions de papier, symboles de communication, volètent tout autour d'elle. La carte de la lettre annonce l'arrivée d'informations écrites, de messages, d'un document, d'un courrier, d'un e-mail ou de SMS. Elle signifie également l'expression de ses idées, la planification de ses projets, les démarches écrites.

MESSAGE WITCHY

Je vous invite à écrire une lettre à l'Univers pour exprimer vos vœux et poser vos intentions. N'oubliez pas d'y exprimer aussi toutes les choses pour lesquelles vous avez de la gratitude.

28

L'enchanteur

MOTS-CLÉS

Un homme ou le consultant.

SIGNIFICATION

La carte de l'enchanteur représente le consultant ou un homme proche du consultant. C'est un doux rêveur, un musicien, qui utilise ses dons de magicien pour créer de la joie et de l'harmonie tout autour de lui. Il est sensible à la beauté de la nature et à l'art.

MESSAGE WITCHY

Je vous invite à utiliser la musique pour guérir vos maux. Le son possède une forte puissance vibratoire. Il est purificateur de vos énergies. Utilisez la musique et le chant pour élever vos vibrations.

29

La sorcière

MOTS-CLÉS

Une femme ou la consultante.

SIGNIFICATION

La carte de la sorcière représente la consultante ou une femme proche du consultant. Elle est magicienne et guérisseuse du corps et de l'âme. Elle est le pont entre les énergies de la terre et celles du ciel. Elle donne la vie et prend soin de tous les êtres qui l'entourent.

MESSAGE WITCHY

Je vous aide à transmuter les énergies négatives en énergies positives en réveillant votre déesse intérieure. Reconnectez-vous à vos capacités innées et à vos qualités de cœur. Ne sous-estimez jamais vos ressources cachées.

30

La couronne de lys

MOTS-CLÉS

Harmonie, honneurs, récompense, sérénité, plénitude, bien-être, maturité, patience, sagesse, vieillesse, pureté, respect.

SIGNIFICATION

La carte du lys est illustrée par une couronne de lys entourant la tête de Willow la sorcière. Le lys représente l'harmonie, la sagesse, la pureté et la sincérité des sentiments. La carte nous demande également de faire preuve de patience, d'être loyal envers les autres et envers nous-mêmes. Elle représente aussi le froid et la période de l'hiver.

MESSAGE WITCHY

Accueillez chaque expérience, aussi difficile soit-elle, comme une leçon de sagesse. Si votre rêve ne se manifeste pas malgré vos efforts, c'est que l'Univers a prévu mieux pour vous. Patience...

31

Le soleil couchant

MOTS-CLÉS

Bonheur, réussite, vérité, épanouissement, vitalité, succès, éclaircissement, joie, festivités.

SIGNIFICATION

La carte du soleil couchant est représentée par un coucher de soleil dans l'océan. Une journée se termine, symbolisant une période d'accomplissement. La lueur du soleil illumine l'horizon. Il s'enfonce lentement dans l'eau pour éclairer les abysses. Cette carte annonce un événement heureux, un verdict positif, l'éclaircissement d'une problématique, une grande réussite. Elle annonce un grand bonheur, de la joie, du succès dans tous les domaines. Elle représente aussi la saison de l'été, les vacances, la détente. La carte du soleil couchant prédit également le fait d'accéder à la vérité, à une compréhension supérieure, à l'éveil spirituel.

MESSAGE WITCHY

Je vous invite à prendre votre place au soleil. Permettez-vous de briller et d'offrir au monde le fruit de votre créativité. Votre unicité est une force !

32

La pleine lune

MOTS-CLÉS

Émotions, inconscient, intuition, peurs, passé, nostalgie, créativité, voyance, don, notoriété, magie.

SIGNIFICATION

La carte de la pleine lune est illustrée par l'astre, devant lequel se tient Raven, le petit chat noir, fasciné par sa grâce et son éclat. La lune représente le monde des émotions, le passé, ce qui est caché, enfoui. C'est la carte de la médiumnité, de la divination, de l'intuition et de la communication avec le monde invisible. Elle annonce une réussite, une reconnaissance sociale. Elle nous parle également de romantisme, de sensibilité, de créativité.

MESSAGE WITCHY

Je vous invite à unir votre magie personnelle avec celle de la pleine lune pour effectuer un rituel de purification de vos mémoires cellulaires. Demandez à l'énergie lunaire de vous aider à vous libérer de vos croyances limitantes et de vos peurs. Vous êtes digne de recevoir l'abondance illimitée de l'Univers.

33

La clé

MOTS-CLÉS

Solutions, opportunités, dénouement, projet, ouverture, réussite, aide, ressources intérieures.

SIGNIFICATION

La carte de la clé est représentée par une clé de sol, symbole d'harmonie et d'ouverture. Cette carte annonce la réussite, le dénouement positif, le fait d'élucider un problème, de débloquer une situation. Elle prédit aussi une réconciliation, des retrouvailles. Des solutions ou de l'aide sont apportées. C'est la fin des difficultés. Elle représente les opportunités à saisir, les synchronicités que la vie offre et les investissements fructueux. La carte indique les dons, les atouts, les ressources intérieures.

MESSAGE WITCHY

Je vous invite à oser et à manifester vos projets et vos rêves. Votre persévérance et votre audace ouvriront toutes les portes !

34

Les poissons

MOTS-CLÉS

Abondance financière, transaction, communication, indépendance, dépenses, eau, échanges, affaires commerciales, fluidité.

SIGNIFICATION

La carte des poissons est illustrée par un fond marin qui regorge de poissons exotiques, de plantes et de mystères. Un trésor de pièces d'or est caché dans un vieux coffre-fort. Cette carte représente une abondance financière et matérielle, la communication et les échanges. Elle décrit aussi les affaires, le business. Reliés à l'élément eau, les poissons nous renvoient également à nos émotions. Les énergies circulent, tout est fluide.

MESSAGE WITCHY

Accueillez cette vague d'émotions qui monte en vous et autorisez-vous à être heureux, triste ou en colère ! Vivez pleinement ce que vous ressentez ! Plongez au cœur de vos émotions pour mieux vous connaître et vous comprendre. Vos émotions sont les messagères de votre inconscient.

35

L'ancre

MOTS-CLÉS

Sécurité, ancrage, stabilité, immobilisme, équilibre, pérennité, solidité, poids, lourdeur, blocages, mer.

SIGNIFICATION

La carte de l'ancre est représentée par une ancre flottante emportée par des ballons d'étoiles. Elle représente l'ancrage, la stabilité, tout ce qui apporte un sentiment de sécurité matérielle ou affective. Elle nous annonce également le fait de trouver un équilibre. Elle peut désigner des blocages, de l'immobilisme, de la stagnation dans certains cas en fonction des cartes qui l'entourent. Elle décrit tout ce qui est lourd et lié au bord de mer.

MESSAGE WITCHY

Je vous aide à vous ancrer davantage et à vous centrer dans l'ici et maintenant, car c'est seulement dans cet espace que vous pourrez agir ! Méditez en pleine conscience. Ancrez-vous en pratiquant des activités qui impliquent le corps et sollicitent tous vos sens !

36

La croix

MOTS-CLÉS

Douleurs, tristesse, fardeau, spiritualité, croyances, sacrifice, peine, fatalité, résilience.

SIGNIFICATION

La carte est illustrée par un tatouage représentant une croix dans le dos de la jeune sorcière Willow. Elle symbolise le poids de sa souffrance, mais également sa résilience et sa foi en l'Univers. La croix annonce des douleurs physiques et morales, une période difficile, de la tristesse. Elle décrit des difficultés matérielles et relationnelles. C'est aussi la carte qui représente la foi, la religion, la spiritualité, la résilience, les croyances (y compris limitantes), la nuit noire de l'âme.

MESSAGE WITCHY

Je vous invite à garder la foi en l'Univers et à comprendre ce que votre âme a choisi d'expérimenter au travers de la souffrance terrestre. C'est dans la difficulté que nous apprenons et évoluons le plus.

Yin

MOTS-CLÉS

Femme ou énergie féminine, intuition, émotions, bienveillance.

SIGNIFICATION

Cette carte représente une constellation d'étoiles formant le symbole de la polarité yin. Elle désigne la consultante, une femme ou une personne ayant une forte énergie yin. Vous pouvez l'utiliser à la place de la carte de la sorcière ou l'ajouter au paquet lors d'un tirage concernant une relation entre deux énergies féminines, par exemple. Dans le tirage, elle apporte son message *witchy* au consultant. Libre à vous de la conserver ou de la retirer du paquet.

MESSAGE WITCHY

Je suis votre côté yin, celui qui vous invite à être bienveillant et à faire preuve de compassion envers vous-même et les autres. Je suis l'intuition qui s'exprime et vous guide lorsque vous domptez votre mental. Je ne vous trompe jamais, je suis connectée à la source divine.

Yang

MOTS-CLÉS

Homme ou énergie masculine, action, décision, raison.

SIGNIFICATION

Cette carte représente une constellation d'étoiles formant le symbole de la polarité yang. Elle représente le consultant, un homme ou une personne ayant une forte énergie yang. Vous pouvez l'utiliser à la place de la carte de l'enchanteur ou l'ajouter au paquet lors d'un tirage concernant une relation entre deux énergies masculines, par exemple. Dans le tirage, elle apporte son message *witchy* au consultant. Libre à vous de la conserver ou de la retirer du paquet.

MESSAGE WITCHY

Je suis votre côté yang, celui qui vous invite à l'action ! Je vous aide à manifester, dans la matière, vos désirs les plus profonds. Je suis l'énergie qui vous pousse à avancer, à vous affirmer et à explorer pleinement votre mission d'âme.

TABLEAU DES MOTS-CLÉS

1	L'éclaireuse	Nouvelles, messages, mouvement, arrivée d'une personne, visite, progrès, rapidité, dynamisme
2	Le trèfle	Chance, hasard, positif, argent, herbes et plantes, bonheur, réussite, espoir
3	Le navire	Mouvement, changement, voyage, départ, étranger, distance, déplacement, bord de l'eau, vacances, échanges, héritage
4	Le manoir	Foyer, habitat, famille, proches, confort, sécurité, immobilier, stabilité, pérennité
5	Le sakura	Équilibre, santé, guérison, génétique, ancêtres, racines, nature, croissance et évolution, stabilité, calme, patience, extérieur, ancrage, méditation, bien-être, passé

6	Les nuages	Doutes, confusion, problèmes passagers, temps nuageux, incertitudes, perturbations, pessimisme, respiration
7	Le serpent	Prudence, ennemis, menaces, manipulation, dangers, méchanceté, tromperies, hypocrisie, digestif, malsain, séduction
8	Le cercueil	Fin, maladie, dépression, enfermement, deuil, rupture, échec, situation difficile, pertes
9	L'attrape-rêves	Bonheur, succès, épanouissement, surprise, cadeau, joie, célébrations, beauté, invitation, décoration, artistique
10	La faux	Fin, imprévu, décision ferme, chirurgie, danger, rupture, rapidité, accident, récolter, brutalité, couper
11	Le balai magique	Conflit, violence, colère, douleur, sexualité, tensions, activité physique, fatigue, tristesse, répétition
12	Les oiseaux	Échanges, nervosité, couple, fratrie, anxiété, communication, réseaux sociaux, informations, curiosité, association, bavardages, futilités

13	Le petit magicien	Enfant, spontanéité, simplicité, innocence, naïveté, renouveau, immaturité, petit, enfant intérieur
14	Le renard	Ruse, expérimenté, ingénieux, manipulation, mensonge, stratégie, travail, concurrence, piège, charme, intelligence
15	L'ours	Finances, force, protection, autorité, puissance, courage, charisme, aisance, gourmandise
16	L'étoile	Espoir, protection, intuition, guérison, spiritualité, souhaits, sérénité, réseaux, guidance, créativité, astrologie, nuit, rêve
17	La cigogne	Changement, évolution, grossesse, amélioration, naissance, déménagement, réconciliation
18	Le chien	Loyauté, amitié, fidélité, confiance, partenaire, guide, sincérité, guidance, instinct
19	La tour	Administration, bâtiment, isolement, repos, longévité, ambition, carrière, détachement, élévation
20	Le parc	Communauté, rassemblement, événement public, extérieur, vie sociale, amis, collègues, clientèle

21	Les rochers	Obstacles, blocages, retards, défis, difficultés, épreuves, ennemis, contrariétés
22	La rose des vents	Décisions, hésitations, orientation, déplacements, routes, voyage, éloignement, liberté, indépendance
23	Les trois petites souris	Perte, vol, stress, quelque chose de petit, fatigue, frustration, déception, gaspillage
24	Les bulles d'amour	Amour, sentiments, générosité, joie, tendresse, désir, passion, bonheur, complicité, partage
25	Le talisman	Engagement, contrat, relations, accords, liens, union, cycle, officialisation, répétition, routine, karma
26	Le grimoire	Secrets, révélations, savoir, apprentissages, recherches, études, formation, découverte, introspection, mystère
27	La lettre	Message, nouvelles, information, document écrit, courrier, SMS, e-mail, contrat
28	L'enchanteur	Un homme ou le consultant
29	La sorcière	Une femme ou la consultante

30	La couronne de lys	Harmonie, honneurs, récompense, sérénité, plénitude, bien-être, maturité, patience, sagesse, vieillesse, pureté, respect
31	Le soleil couchant	Bonheur, réussite, vérité, épanouissement, vitalité, succès, éclaircissement, joie, festivités
32	La pleine lune	Émotions, inconscient, intuition, peurs, passé, nostalgie, créativité, voyance, don, notoriété, magie
33	La clé	Solutions, opportunités, dénouement, projet, ouverture, réussite, aide, ressources intérieures
34	Les poissons	Abondance financière, transaction, communication, indépendance, dépenses, eau, échanges, affaires commerciales, fluidité
35	L'ancre	Sécurité, ancrage, stabilité, immobilisme, mer, équilibre, pérennité, solidité
36	La croix	Douleurs, tristesse, fardeau, spiritualité, croyances, sacrifice, peine, fatalité, résilience
	Yin	Femme ou énergie féminine, intuition, émotions, bienveillance
	Yang	Homme ou énergie masculine, action, décision, raison

REMERCIEMENTS

Je remercie d'abord tous les esprits lumineux qui m'accompagnent depuis mon enfance, me protègent et me guident dans ma mission d'âme et qui m'ont transmis cet oracle en canalisation comme un cadeau divin.

J'envoie un grand merci à Lucas, notre petite étoile filante, pour tout l'amour qu'il nous a offert lors de son passage éclair parmi nous, vers l'infini et l'au-delà.

Je remercie ma famille, mes proches et surtout ma fille, Romy, et mon mari, Stéphane, pour leur amour et leurs encouragements.

Je tiens à remercier également ma communauté, bienveillante et fidèle, pour son soutien et sa confiance.

Je termine en remerciant toutes les personnes qui m'ont accompagnée dans la création de cet oracle, notamment Pauline de Luma Graphic pour le travail d'illustration, ainsi que toute l'équipe des éditions Trédaniel pour leur confiance.

À PROPOS DE L'AUTEURE

Depuis son enfance, Angélique Guehl est en contact avec le monde invisible. Ses capacités médiumniques sont apparues dès l'enfance. Très jeune déjà, Angélique communiquait avec les défunts et faisait des rêves prémonitoires. Elle a débuté la cartomancie à l'adolescence avec un tarot de Marseille qu'elle utilisait pour faire des prédictions à ses amies à la récréation. Elle nourrit, depuis cette époque, une passion pour les arts divinatoires. Aujourd'hui, Angélique partage différents contenus sur les thèmes de la spiritualité et du développement personnel sur sa chaîne YouTube et sur son compte Instagram sous le nom d'Angie Lumière d'étoile.

Angélique est médium énergéticienne. Elle accompagne individuellement sur le parcours d'éveil spirituel et de guérison de l'âme : elle propose un programme de libération des mémoires et des blessures émotionnelles. Elle aide ses consultants à trouver leur mission de vie et à s'épanouir grâce à des soins psychoénergétiques quantiques (hypnose, accompagnement spirituel, libération émotionnelle, nettoyage des mémoires cellulaires, ThetaHealing©). Elle pratique des soins énergétiques individuels et collectifs.

@angie_lumiere_detoile

Angie Lumière d'étoile

lesguidancesdelachouette@gmail.com

À PROPOS DE L'ILLUSTRATRICE

Portée par sa passion pour le dessin et les arts, c'était une évidence pour Pauline Ragni de s'orienter vers des études artistiques. Diplômée d'un master en design elle est devenue graphiste et illustratrice freelance. En tant que designer, son travail consiste à donner du sens aux idées, à mettre en lumière l'âme ainsi que les nuances portées par chaque projet, et à les retranscrire visuellement.

Très à l'écoute de son intuition, elle se spécialise aujourd'hui dans un univers holistique, proche de ses valeurs et de ses croyances. Soucieuse de la magie du monde qui l'entoure, elle canalise les énergies des personnes qui font appel à elle pour en extraire une essence visuelle propre à chacun.

Elle se évolue aujourd'hui également dans le tatouage, proposant des dessins originaux et personnalisés, toujours en adéquation avec son univers onirique et l'approche de ses clients. C'est avec bienveillance qu'elle les accueille au sein de son studio privé.

www.lumagraphic.com

@lumalanterne

pca
cmb
édition pré-presse
livres numériques

44400 Rezé